Wie ich mit 29 Jahren über 100.000 Euro verdiente

MIKE WELLING

Wie ich mit 29 Jahren

über 100.000 Euro verdiente

Meine Investitionen und meine persönliche Anlagestrategie

Bibliografische Information der Deutschen Nationalbibliothek
Die Deutsche Nationalbibliothek verzeichnet diese Publikation in
der Deutschen Nationalbibliografie; detaillierte bibliografische
Daten sind im Internet über http://dnb.dnb.de abrufbar.

Covergrafiken: rawpixel.com / freepik.com
Coverdesign, Satz, Herstellung und Verlag: BoD – Books on
Demand, Norderstedt
ISBN 978-3-7494-2481-8

Inhalt

Vorwort

Das Internet ist voll von Geschichten über erfolgreiche Investoren, Selfmade-Millionäre und reiche Unternehmer, die Inspiration bieten und zum Handeln aufrufen. Das ist auch alles total in Ordnung. Trotzdem möchte ich vorweg sagen, dass dieses Buch euch keine praktische Anleitung gibt, wie ihr es schafft, »reich« und »erfolgreich« zu werden. Vielmehr dachte ich, es sei mal an der Zeit, meine Story für euch aufzuschreiben. Vielleicht kann sie den einen oder anderen von euch motivieren, im Leben Gas zu geben. Egal ob ihr unter 20 oder weit über 70 seid, das spielt überhaupt keine Rolle. Es ist nie zu spät, seine persönlichen Ziele in Angriff zu nehmen.

Ich bin ein ganz normaler junger Mann, der im elterlichen handwerklichen Betrieb als Angestellter arbeitet. Ich habe nicht studiert, kein Abitur und schaffte nach der zehnten Klasse meinen mittelmäßigen Realschulabschluss. Trotzdem habe ich bereits vor meinem 30. Lebensjahr die ersten 100.000 Euro verdient und gespart. Ich bin ein Mann mitten aus dem Volk, mit dem sich der bodenständige Arbeiter, Malocher und alle Fleißigen dieser Welt vielleicht identifizieren können. Ich weiß, was schuften bedeutet!

In diesem Buch gebe ich euch einen Einblick in mein frühes Erwachsenenleben. Ich erzähle euch von der Anmeldung meines Kleingewerbes, vom Kauf meiner Immobilien und von meinen Erfahrungen im Aktienhandel. Darüber hinaus erfahrt ihr, wie es zur Gründung meiner Band und meinen Auftritten als Sänger gekommen ist. Ich erkläre euch, wie ich mein erwirtschaftetes Geld investiert und mit profitabler Rendite angelegt habe. Außerdem beschreibe ich, bei welchen Branchen ich die Zukunft im Aktienmarkt für mich sehe und wie ich mich gegen einen Finanzcrash abgesichert habe. Am Ende stelle ich euch meine persönliche Anlagestrategie vor.

Ich schreibe euch direkt hier ins Vorwort, dass dies KEIN ARBEITSBUCH ist. Mich als Leser würde das besonders freuen. Dieses Buch bietet einen Einblick in mein bisheriges Leben und meine Erfahrungen. Es soll euch motivieren, eure persönlichen Ziele zu verwirklichen, aber ich gebe darin keine konkreten Ratschläge, wie ihr euer Erspartes anlegen sollt. Diese Entscheidungen muss jeder für sich selbst treffen.

Viel Spaß beim Lesen!

I.   Der Beginn

Wir schrieben das Jahr 2007. Ich war damals 19 Jahre alt und wog um die 97 Kilo. Mit meinen 1,90 Metern war ich nicht wirklich dick, aber ich hatte eine – wie man im Volksmund so schön sagt – Plauze. Eine kleine Speckbrust, kräftige Oberschenkel und ein fülliges Kinn rundeten, im wahrsten Sinne des Wortes, das Ganze ab.

Um es gleich vorweg zu sagen: Das ist natürlich kein Hate gegen Plauzen. Ich denke, jeder soll sich so akzeptieren, wie er sich wohlfühlt. Genau dies tat ich aber nicht.

Also fing ich langsam mit dem Laufen an. Komischerweise schaffte ich, völlig untrainiert, eine ganze Runde um unseren örtlichen See, immerhin eine Strecke von circa fünf Kilometern. Irgendwie gab mir das einen riesigen Aufschwung und ich hatte plötzlich den Mut, etwas zu verändern. Glückshormone wurden freigesetzt und ich bekam durch dieses kleine Erfolgserlebnis total viel neues Selbstbewusstsein. Früher hatte ich immer die Ausrede am Start, dass ich kein Läufer sei usw. Absoluter Blödsinn! Ein Fisch schwimmt, ein Vogel fliegt und ein Mensch läuft!

Trotzdem würde ich jedem, der stark übergewichtig ist, davon abraten, sofort loszulaufen. Besser wäre es in diesem Fall, mit Walking und gelenkschonenderen Sportarten zu beginnen. Wer aber ein paar Kilos zu viel hat und im Grunde einfach nur faul ist, dem sei gesagt: »Lauf!«

Ich blieb dabei und joggte fleißig weiter um den See. Was das in meinem Leben in Bezug auf Mindset,

Selbstbewusstsein und Frauen änderte, nämlich AL-LES, dazu später mehr.

Ich hatte einen tollen Job im handwerklichen Betrieb meiner Eltern. Natürlich hatte ich keinen Freibrief und musste genauso hart ran wie die anderen auch. Ich war vom Herzen her sehr dankbar für diesen Job mit Zukunft und Perspektive. Aber irgendetwas sagte mir: »Junge, verändere etwas in deinem Leben, riskiere was!«

Also schnappte ich mir meinen besten Freund und schlug ihm vor, eine kleine Firma zu gründen. Mein Freund ist genauso alt wie ich, aber mit einem härteren Nerv für Behördentelefonate ausgestattet. Er sollte sich um die Rechnungen und Einkäufe kümmern, ich wollte aktiv mit dem Kunden arbeiten und die Ware an den Mann bringen.

Wir setzten uns mit dem Laptop an den hintersten Tisch in unserer Stammkneipe und begannen, unter dem Einfluss von ein paar leckeren Bierchen, ganz locker und mit Spaß unsere Geschäftsidee aufzuschreiben. An jenem Abend dachten wir natürlich, dass es dies nun gewesen sei und wir bestimmt bald Millionen scheffeln würden. Aufgrund der feuchtfröhlichen Stimmung sendete ich die komplett ausgearbeitete Geschäftsidee, nicht an uns selbst, sondern an eine falsche E-Mail-Adresse. Nach dem ersten Schreck kam die Mail sofort zurück, da diese Adresse nicht vergeben war.

Am nächsten Tag merkten wir auch Gott sei Dank, dass das ganze Konzept totaler Mist war, löschten es und gingen dem nicht weiter nach. Was blieb, war ein lustiger Abend in unserer »Spätjugend«. Immerhin, den nimmt uns keiner mehr.

Die folgenden Tage und Nächte bereiteten mir einiges Kopfzerbrechen. Schließlich wurde mir klar, dass wir uns im Online-Handel ausprobieren sollten. Wir wollten weiterhin in unseren Hauptjobs arbeiten und uns, ganz offiziell, ein zweites Standbein aufbauen. Es gab nicht viel zu verlieren, aber ich sagte mir damals: Wenn ich alt bin, möchte ich nicht zurückschauen und mich ärgern, dass ich nichts ausprobiert habe im Leben!

Komischerweise stand das Konzept für den Online-Handel viel schneller, da wir genau wussten, was wir wollten. Wir wollten alles! Und zwar wirklich alles: Handel mit sämtlichen Waren, von T-Shirts über Lampen, Uhren, Neuwaren, Kunst, Raritäten, Trödel usw.

Wir gingen zum Amt und meldeten ein Kleingewerbe an. Da wir zu zweit waren, mussten wir eine GbR (Gesellschaft bürgerlichen Rechts) gründen. Total stolz und strahlend verließen wir das Rathaus und freuten uns riesig auf die vor uns liegende Zeit.

Was jetzt noch fehlte, war ein gemeinsames Geschäftskonto. (Ich hatte noch mit keiner Frau ein gemeinsames Konto, aber mit meinem besten Freund schon.) In unserem Ort befanden sich zwei Banken direkt einander gegenüber. Wir gingen in die erste Bank und waren sehr gespannt. Der Bankberater verhielt sich nicht besonders zuvorkommend. Er sah in uns nur zwei junge Typen, denen er offensichtlich nichts zutraute. Er wollte alles wissen – was wir beruflich machen, was wir nun vorhaben und noch vieles mehr, auch Dinge, die ihn eigentlich nichts angingen. Ich sagte ihm schließlich, dass es uns leidtue, aber wir würden hier nicht zusammenkommen. Das konnte er überhaupt nicht verstehen. Wir blieben aber konsequent und verließen den Laden.

So etwas hatte ich noch nicht erlebt. Ein Riesendrama, um ein einfaches Konto zu eröffnen! Aber ich war stolz auf uns. Wir hatten ihm deutlich gezeigt, dass wir uns auch mit 19 Jahren nicht so behandeln ließen.

Nun gut, wir hatten ja noch Bank Nummer zwei und gingen einfach über die Straße zur nächsten. Erst viel später im Leben habe ich gelernt, dass einen Mann mit Optionen eigentlich so gut wie nichts aus der Ruhe bringen kann. Aber das ist ein anderes Thema ...

Die Mitarbeiter der zweiten Bank waren sehr freundlich und alles lief wie nicht anders erwartet. Bääm! Wir waren nun nebenbei selbstständig – ein tolles Gefühl.

II.   Das erste Kleingewerbe

Das negative Erlebnis mit dem unfreundlichen Bankberater hat uns gezeigt, dass wir uns nicht von Leuten einschüchtern lassen dürfen, die uns ausbremsen wollen.

Kurz darauf machten wir eine weitere unschöne Erfahrung. Wir besuchten ein Jungunternehmer-Treffen (und zwar im Anzug!) und lernten einige Leute kennen. Während ich mich bei ein paar Snacks und Häppchen mit einer Dame unterhielt, machte ich mir ein wenig Sorgen um meinen Kollegen. Er ist ein superlieber Kerl und eigentlich auch clever, aber an diesem Tag war er wohl ein wenig zu gutherzig unterwegs. Er ließ sich von einem der anwesenden Jungunternehmer so belabern und rhetorisch begeistern, dass ich ein mulmiges Gefühl bekam. Es ging um Logos, Visitenkarten und Co. Meine Sorgen waren nicht ganz unberechtigt. Nichtsdestotrotz wollte ich mich überraschen lassen.

Wir trafen uns mit besagtem Typ eine Woche später in einem Café. Er tauchte wieder im Anzug auf, was ja absolut nicht schlimm war, was ich aber trotzdem ein wenig merkwürdig fand. Mit seinen geschätzten 25 Jahren war er – in einer Eisdiele, nur um ein paar Visitenkarten loszuwerden – recht overdressed unterwegs. Das soll jetzt natürlich kein Diss gegen Leute in Anzügen sein. Ich liebe Anzüge, aber weder die Location noch der Typ selbst passten zu seinem Anzug.

Wir saßen also am Tisch und er redete und redete ohne Unterlass. Ich sagte nach einer gefühlten Ewigkeit, dass er uns ja mal im Vorfeld einen Preis für das Entwerfen eines Logos und ein paar Visitenkarten vorschlagen könnte. Daraufhin nannte er einen sehr hohen dreistelligen Betrag. Ich erklärte ihm, dass ich es ja nett fände, dass er sich noch mal mit uns getroffen hat, aber dieser Preis sei eindeutig zu hoch. Er versuchte uns leicht unter Druck zu setzen, indem er darauf hinwies, dass er ja jetzt extra hergekommen sei. Trotz seines jungen Alters war er sehr gut darin, andere zu manipulieren. Diese Masche ließ mich aber schon damals ziemlich kalt und ich sagte ihm, dass wir so nicht zusammenkommen werden. Seine Flasche Bier nahmen wir freundlicherweise noch mit auf unsere Rechnung und verzogen uns dann ziemlich schnell ohne ihn in eine vernünftige Location. Es war schließlich Freitagabend.

Merkt euch eins, Leute: Ihr müsst erst mal gar nichts, wenn ihr ein komisches Gefühl habt und keinen Deal eingehen möchtet. Zugegeben, mir ist es auch in jungen Jahren schon passiert, dass ich meine Grundskepsis zu schnell über Bord warf. In solchen Situationen haben mein Freund und ich uns dann gut ergänzt und aufeinander aufgepasst.

An dem darauffolgenden Montag setzten wir uns vor den PC und suchten im Netz ein paar seriöse Firmen aus, die Visitenkarten erstellten. Und siehe da, wir fanden eine, die sehr professionell arbeitete und das Ganze für viel weniger Geld anbot als dieser oben beschriebene Herr. Also hatten wir nun auch unsere Visitenkarten.

Jetzt fehlte aber noch etwas Entscheidendes. Jeder gute Businessmensch braucht meiner Ansicht nach jemanden, der sich um die Steuererklärung kümmert. Wir mussten nicht lange suchen, durch die Firma meiner Eltern bestand bereits Kontakt zu einem kompetenten Steuerberater. Ich machte einen Termin aus und wir stellten ihm unser Konzept vor. Er freute sich, dass wir jungen Leute kreativ und selbstständig arbeiten wollten, und half uns gerne.

Endlich konnten wir loslegen! Mein Freund wohnte damals ca. 40 Kilometer von mir entfernt, was aber dank Videotelefonie und Co. kein Problem war. Wir konnten also in unseren jeweiligen Kinderzimmern gemeinsam an unserem Online-Shop basteln – allerdings erst nach 16 Uhr, denn wir hatten ja noch unsere Hauptjobs.

Der ganz große Boom der Online-Auktionen war zu diesem Zeitpunkt zwar vorbei, aber es reichte aus, um noch einen passablen Umsatz zu generieren. Wir investierten etwas gespartes Geld und kauften beim Elektrogroßhandel einige Waren, um unseren Shop füllen zu können. Ein wahrer Glückstreffer war der Kontakt zu einer Firma, die weiße T-Shirts einer Topmarke in verschiedenen Größen für jeweils einen Euro pro Stück anbot. Wir kauften einige Hundert und vertickten sie für 2,50 Euro. Das brachte uns 150 % Gewinn ein und die Käufer waren begeistert. Wir verkauften nicht nur online, auch die Mund-zu-Mund-Propaganda lief wie am Schnürchen. Freunde und Bekannte, die bei diesem Preis und dieser Qualität nicht nein sagen konnten, bestellten bei uns, sowie auch deren Bekanntenkreis.

Mein Kollege kümmerte sich um das Schreiben der Rechnungen und ich lieferte die T-Shirts aus. An einem sommerlichen Freitagnachmittag packte ich ein paar Kisten in meinen Kleinwagen und klapperte alle Kunden ab. Nach ein paar Stunden hielt ich 500 Euro in der Hand, völlig legal und selbst verdient. Und das mit 19 Jahren! Es war ein unglaubliches Gefühl. Irgendwann nahm die Firma die T-Shirts leider aus dem Sortiment. Ich suchte rund um die Uhr nach passendem Ersatz, aber die neuen T-Shirts waren qualitativ nicht so hochwertig und verkauften sich nicht mehr so gut.

Unser Vorteil war aber, dass wir, wie schon erwähnt, mit möglichst vielen Dingen zu handeln versuchten. Also verkauften wir hier und da immer mal etwas und freuten uns.

Was auch sehr gut lief, waren sogenannte Vermittlungen über unseren Shop. Der Kunde schickte uns ein Foto der Ware, die er verkaufen wollte, beispielsweise von einem Schrank, nannte seinen geforderten Preis und wir schlugen einfach ein paar Prozent für uns obendrauf.

Richtig ab ging es, als ich eine Anzeige zwecks Ankauf/Vermittlungen verschiedener Gegenstände in den örtlichen Zeitungen in unserem Kreis aufgab. Das Handy stand nicht mehr still. Ich machte mir einen Wochenplan und fuhr täglich nach der Arbeit quer durch die Städtchen und Dörfer, um Kunden zu besuchen. So landeten ein paar Dinge, die wir ankauften, aber auch einige zu vermittelnde Sachen auf unserer Homepage.

Bei meinen Touren durch die Umgebung gab es auch negative Erlebnisse. Eine Dame wurde richtig frech, als ich ihren Schrott nicht ankaufen wollte. Ich sagte ihr, dass es ja nicht böse gemeint sei, wir ihre Sachen aber nicht gebrauchen, geschweige denn weiterverkaufen könnten. Sie seien wertlos. Dies verstand sie überhaupt nicht und so flog ich hochkant aus ihrer Wohnung. Nun gut, da muss man durch. Ich nahm's mit Humor und fuhr zum nächsten Kunden.

Ein weiteres unschönes Erlebnis bescherte uns eine 18-Karat-Goldkette eines bekannten Designs. Ich hatte wohl vergessen, ein bestimmtes Detail in die Annonce im Shop zu schreiben – und zack kam ein böser Brief einer Anwaltskanzlei. Diese Aktion kostete uns ein paar Hundert Euro Strafe plus die Rechnung unseres Anwalts. Nun ja. Wir waren jung und lernten daraus.

Shit happens! Egal, Mund abputzen und weiter!

III.   Die erste eigene Immobilie

Wer sich in jungen Jahren so viel mit zusätzlichen Einnahmen, eigenem Business und Co. beschäftigt, der wird natürlich auch offen für andere Möglichkeiten, die einen reich machen könnten.

Ich finde es nicht schlimm, vermögend sein zu wollen oder, besser gesagt, vermögend zu sein. Wenn man ab und zu etwas spendet und nicht abdreht, ist finanzielle Freiheit ein sehr erstrebenswertes Ziel, meiner Meinung nach.

Mein Vater investiert schon jahrzehntelang zusammen mit seinem Vater, sprich meinem Opa, in Immobilien. Er schlug mir vor, eine Eigentumswohnung zu kaufen. Ich war sofort Feuer und Flamme, überlegte aber gleichzeitig, wie lange es dauern würde, bis diese abbezahlt ist. Bis zur Rente, wurde mir schließlich klar. Immerhin machte mir der Gedanke Mut, dann eben im Rentenalter durch die Mieteinnahmen ein passives Einkommen zu haben und damit eine Zusatzrente zu generieren.

Wir durchstöberten also die entsprechenden Portale und fanden zwei interessante Angebote für Eigentumswohnungen. Ich war dankbar für die Ratschläge meines Vaters. Heutzutage wird jungen Leuten oft gesagt: »Nabelt euch früh von euren Eltern ab, zieht am besten ganz alleine in eine andere Stadt!« Für manch einen ist das vielleicht der richtige Weg, für mich aber wird bis heute Familie großgeschrieben. So war und bin ich froh, meine Eltern als Mentoren fürs Leben zu haben, was nicht heißt, dass ich nichts selber und alleine mache. Unser Kleingewerbe hatten mein Freund

und ich schließlich alleine aufgebaut. Lediglich ganz wenige Kontakte, beispielsweise zu dem Steuerberater, wurden übernommen. Ich kann jedem nur raten: Baue dir durch Familie, Freunde und Bekannte ein gutes Netzwerk auf!

Zurück zur Eigentumswohnung. Ich ging zu unserer Hausbank und sprach mit dem zuständigen Berater über die beiden Wohnungen, die mich interessierten. Er rechnete ein wenig und kam zu dem Schluss, dass ich mir mit meinem Lohn als Handwerker eine Finanzierung durchaus leisten könnte. Ich hatte also die Zusage für einen Kredit. Yeah!

Wir vereinbarten zügig zwei Besichtigungstermine für die jeweiligen Wohnungen. Die erste Wohnung lag inmitten einer etwas kleineren Stadt, die direkt an eine Millionenstadt grenzte. 60 Quadratmeter in zentraler Lage mit Garage für 57.000 Euro.

Die zweite Wohnung befand sich in einer Stadt hinter dieser kleineren Stadt. Die Kauf- und Mietpreise waren dort um circa die Hälfte günstiger. Da ich mich für Erstere entschied, habe ich nach so vielen Jahren die genauen Daten nicht mehr im Kopf. Es waren etwas mehr Quadratmeter für weniger Geld. Ich glaube, der noch unverhandelte Kaufpreis lag bei 42.000 Euro. Diese Wohnung sagte mir aber vom Gefühl her überhaupt nicht zu, auch gefiel mir die Lage der ersten Wohnung deutlich besser. Ich wohnte schließlich selbst nur circa zwei Kilometer entfernt.

Allerdings war klar, dass einiges in der ersten Wohnung renoviert werden müsste, beispielsweise die Küche und das Badezimmer. Also sagten wir dem Makler, dass wir für 52.000 Euro bereit wären, zum Notar zu gehen. Einen Tag später rief er zurück und teilte uns mit, dass der Verkäufer einverstanden sei und wir gerne einen Notartermin vereinbaren könnten. Sehr gut!

Kurze Zeit später saßen wir also beim Notar. Der Verkäufer war extra mehrere Hundert Kilometer angereist und eröffnete uns, kurz bevor es losging, dass gerade die Eigentümerversammlung laufe. Danach kämen noch mal so ca. 1.500 Euro Kosten für Renovierungen im Haus auf mich zu.

Verdutzt schaute ich meinen Vater an, wir wären beide am liebsten sofort aufgestanden und gegangen. Aber irgendetwas hielt uns wie angewurzelt auf dem Stuhl.

Ich unterschrieb den Vertrag und war von nun an Eigentümer meiner ersten eigenen Wohnung, hatte aber auch ab diesem Zeitpunkt 60.000 Euro Verbindlichkeiten an der Backe. Ich nahm extra 8.000 Euro mehr Kredit auf und zahlte davon die Nebenkosten wie Grunderwerbsteuer, Notarkosten usw. Auch floss einiges in die Renovierung des Badezimmers und der Küche. Natürlich musste ich noch die besagten 1.500 Euro an die Hausverwaltung zahlen. Aber dies nahm ich hin, denn ich hatte für die damalige Zeit einen guten Fang gemacht, mit einer tollen Rendite.

Ich vermietete die Wohnung recht schnell und gut, die Mieteinnahmen deckten meine monatliche Rate mit Zinsen und Tilgung.

Das Jahr neigte sich dem Ende zu und ich war immer noch fleißig am Sportmachen. Ich fühlte mich besser und hatte auch schon einige Kilos abgenommen. Auf meine Ernährung achtete ich zu dieser Zeit noch nicht so wirklich, aber zumindest ging ich zwei- bis dreimal die Woche Laufen.

Ich kann jedem nur empfehlen, Laufen zu gehen! Kauft euch aber unbedingt gute und professionelle Laufschuhe. Dies hat zwei Vorteile: Zum einen steigt die Motivation, die Dinger auch zu nutzen, wenn ihr sie euch extra angeschafft habt, zum anderen ist es viel gesünder.

IV. Meine ersten Aktien, der Finanzcrash 2008 und eine neue Freundin

Nun hatte ich einen Hauptjob, der mich ernährte, eine Eigentumswohnung und ein kleines Gewerbe. Was jetzt noch fehlte, waren die richtigen Aktien! Also informierte ich mich und beschloss, 3.000 Euro meiner Ersparnisse in Aktien eines großen deutschen Telekommunikationskonzerns zu investieren. Der Konzern schüttete jährlich eine schöne kleine Dividende aus.

Das Jahr ging zu Ende und ich lief weiter meine Seerunden. Im Frühjahr 2008 nahm ich an meinem ersten Volkslauf über fünf Kilometer teil und absolvierte ihn in weniger als 26 Minuten. Hautsache, die Fünf stand hinter der Zwei.

Überglücklich und mit neuer Frisur ging es ab in den Sommer. Auch mit den Mädels lief es immer besser. Ich war erstaunt, was mein neu gewonnenes Selbstbewusstsein mit mir anstellte.

Nach einem grandiosen Sommer, wie ihn junge Menschen um die 20 Jahre oft erleben, kam der Herbst. Die erste große Bank wackelte und noch dachte ich mir nichts dabei. Ich ahnte nicht, welche globalen Auswirkungen dies haben würde.

Der Wert meines Depots fiel fast um die Hälfte und bei meiner Immobilie sah das Ganze sicherlich nicht anders aus. Die Welt zitterte. Ich hingegen sagte mir: Dein Depotgeld brauchst du im Moment nicht, also sitz es aus! Da die Eigentumswohnung ursprünglich eher als Altersabsicherung gedacht war, machte ich mir darüber keine Sorgen, denn die Mieteinnahmen blieben ja schließlich gleich.

Unser Kleingewerbe lief ganz ordentlich und ich machte weiterhin Sport. Ohne arrogant wirken zu wollen, aber ich muss wohl so eine coole, lockere Art an den Tag gelegt haben, dass ich auch die eine oder andere Frau damit anziehen konnte. Schließlich verliebte ich mich in eine fünf Jahre ältere Frau und ging eine Beziehung mit ihr ein.

Anfangs lief alles super, wie nicht anders erwartet. Aber mit der Zeit bemerkte ich, dass ich total in der Falle saß. Diese Frau hatte eine unglaubliche Macht über mich. Heute weiß ich, dass ich ihr damals überhaupt nicht gewachsen war. Wie sollte ich auch. Jeder muss seine Erfahrungen machen und im besten Fall daraus lernen. Ich merkte für meinen Teil, dass die Beziehung absolut im Vordergrund stand und ich, obwohl ich nicht glücklich war, nicht loslassen konnte. Auch versuchte sie, ständig über mich zu bestimmen und meine Zeiten einzuteilen. Viel blieb auf der Strecke und es gab häufig Streit. Nachdem sie mich sehr verletzt hatte, blieb mir keine andere Wahl. Ich musste mir selber treu bleiben, um morgens hocherhobenen Hauptes in den Spiegel schauen zu können. Also trennte ich mich von ihr.

Es war die Hölle. Diese Art von Schmerz kannte ich bis dahin nicht. Im Nachhinein bin ich der Meinung, dass dies eine ganz wichtige Erfahrung im Leben eines Mannes sein kann. Für mich war es zumindest so.

Mein bester Freund lenkte mich damals ab und ich bekam langsam wieder einen klaren Kopf. Die letzten drei Monate im Jahr 2009 gingen wir jedes Wochenende feiern, freitags und samstags, volles Programm.

V.   Der erste selbst geschriebene Song

Anfang 2010 merkten wir schnell, dass der Markt in puncto Onlinehandel sich verändert hatte. Unsere Umsätze gingen zurück. Wir mussten uns also etwas Neues überlegen.

An einem Wochenende chillten wir mal wieder rum und hörten unsere Lieblingsmusik. Spontan schlug ich meinem besten Freund vor, dass wir eine Band gründen sollten. Den Namen und den ersten Titel hatte ich auch schon im Kopf. Er war sofort begeistert.

Also klärten wir alles rechtlich ab, schlossen unseren Online-Shop und gründeten eine Band mit allem, was dazugehört. Damals konnte ich noch kein Instrument spielen, hatte aber eine Melodie im Kopf, woraus wir einen Song komponierten. Wir gingen in ein professionelles Tonstudio und nahmen die Nummer auf. Dort summte ich die Melodie dem Produzenten vor. Dieser spielte sie mit einer Gitarre nach, brachte sie als Datei auf den Computer und baute so den Song mit weiteren Instrumenten und Computer-Effekten auf.

Heute – nach mehreren Hundert Auftritten vor teilweise Tausenden Menschen – würde ich sagen, dass dieser Song im Prinzip eine bessere Demoversion war. Aber egal, wir waren stolz. Wir hatten etwas ausprobiert und freuten uns riesig, dass es beim Publikum ankam.

Ein paar DJs spielten unseren Song und plötzlich hatten wir erste Fans. Wir waren happy. Die Visitenkarten von einst wurden gegen Autogrammkarten eingetauscht und so ging es step by step weiter. Unsere Bühnenshows wurden professioneller, wir arbeiteten an neuen Songs und knüpften gute Kontakte in der Szene. Wir fanden ein Label, welches unsere Songs bis heute noch für uns vermarktet. Schließlich landeten wir einen kleinen Hit in einem zur damaligen Zeit bekannten legalen Download-Portal. Es brachte zwar kaum Kohle ein, aber unser Bekanntheitsgrad stieg. So erkämpften wir uns Stück für Stück die Sympathien der Menschen und machten uns in der Szene einen Namen. Im ersten Jahr machten wir allerdings nur Promotion. Wir sangen für Essen und Trinken, um im Gegenzug unsere Songs präsentieren zu können. Und wir konnten gut essen und gut trinken!

Als wir härter an uns arbeiteten, unsere Show verbesserten und noch mehr Gas gaben, wurden nicht nur die Events, sondern auch die Gagen größer. Wir hatten uns einen Namen gemacht, waren auch ab und zu mal in der Presse – TV, Web-Radios und Zeitungen. Die Zuschauerzahl bei den Auftritten reichte von 50 Leuten in der Kneipe bis zu 6.000 in einer großen Halle.

So verging die Zeit und wir steigerten uns weiter und weiter. Dieses »Nebengewerbe« war komplett anders als der Online-Handel, aber es machte mindestens zehnmal so viel Spaß. Wir reisten sogar ins europäische Ausland und rockten in einigen Ländern. Von Spanien über Luxemburg bis Österreich. Dazu unzählige Städte kreuz und quer in Deutschland. Reich waren wir dadurch immer noch nicht, denn die ersten Streaming-Portale gingen an den Start und es wurde schwieriger, digitale Musik zu verkaufen. Gut, unser oberstes Ziel bestand darin, alle Kosten zu decken und Geld für neue Produktionen etc. einzunehmen. Wir hatten sehr viel Spaß, schrieben am Wochenende teilweise Hunderte Autogramme und waren am Montagmorgen wieder ganz bodenständig in unserem Hauptjob unterwegs.

So verging die Zeit und der Vertrag von meinem damals neu finanzierten Auto lief aus. Ich entschied mich dafür, von ein paar Ersparnissen ein Cabrio einer bekannten Marke aus Südwestdeutschland zu kaufen. Ich hatte Spaß, der Sommer war da und ich war glücklich.

VI.   Der wirtschaftliche Aufschwung

Es vergingen Monate und sogar Jahre. Inzwischen hatte ich durch den Laufsport rund 25 Kilo abgenommen und ging zusätzlich noch ins Fitnessstudio, weil ich einfach zu dünn geworden war. Ich achtete auf meine Ernährung und baute einiges an Muskeln auf. Die fitteste Phase meines Lebens begann. Ich lief 10-Kilometer-Läufe und schaffte im Training sogar den einen oder anderen 20-Kilometer-Lauf. Ich war quasi auf Halbmarathon-Kurs. Ich, der kräftige Kerl, der die ersten 19 Jahre seines Lebens überhaupt keine Lust auf Laufen hatte – erinnert ihr euch? Aber zurück zum Geschäft.

Während wir weiter an unserer musikalischen Karriere arbeiteten, stellte ich so um das Jahr 2014/15 fest, dass sich die Immobilienpreise mittlerweile fast verdoppelt hatten. Auch meine Aktien lagen wieder nahe bei dem Kurs, bei dem ich damals eingestiegen war. Für einen kurzen Zeitraum standen sie sogar etwas im Plus.

Ich verkaufte mein Auto und kaufte ein Cabrio einer ebenfalls sehr bekannten Firma, die in derselben süddeutschen Stadt produziert, diesmal Richtung Zuffenhausen. Ein Auto dieser Marke ist für viele Menschen einfach nur ein Traum, zumindest war es immer mein Traum, ein solches Cabrio zu besitzen. Und diesen hatte ich mir nun erfüllt!

Ich kaufte das Cabrio gebraucht für 10.900 Euro und war im Olymp der Glücksgefühle angekommen. Der Sound, die Innenausstattung, alles perfekt. Manche Menschen in meinem Umfeld dachten, ich hätte nun finanziell ausgesorgt, als sie das Auto sahen. Sie glaubten, dass dieser Wagen bestimmt 100.000 Euro und mehr gekostet hätte. Andere wiederum scherzten, dass es ein Frauenauto sei und nicht mit dem Modell seines großen »Bruders« mithalten könne. Mir war und ist es bis heute total egal. Ich fahre eine Luxusmarke zum ganz kleinen Preis und habe dafür ganz großen Spaß. Punkt!

Nun fuhr ich also mein Traumauto, mein Depot war wieder relativ fit und der Preis meiner Immobilie hatte sich mehr als verdoppelt. Beim Blick in den Spiegel stellte ich noch etwas weiteres Positives fest: Ich war nun der Mensch, der ich immer sein wollte. Optisch war ich plötzlich total zufrieden mit mir. Das lag zum einen daran, dass ich mehr auf meine Ernährung achtete und regelmäßig Sport trieb. Darüber hinaus hatte ich auch meinen persönlichen Kleidungsstil gefunden. Alles ergab plötzlich einen Sinn. Ich fühlte mich wohl in meiner Haut.

Eigentlich wollte ich meine Wohnung bis zur Rente und weit darüber hinaus behalten, um ein zusätzliches passives Einkommen daraus zu erwirtschaften. Doch die Immobilienpreise stiegen kontinuierlich an und ich entschied mich schließlich zu verkaufen. Da seit dem Kauf der Wohnung nun elf Jahre vergangen waren, befand sich das Ganze auch steuerlich in trockenen Tüchern.

Ich ermittelte die aktuellen Preise für gebrauchte Immobilien in der Stadt, in der sich meine Wohnung befand, und war total aus dem Häuschen. Zur Erinnerung: Ich hatte 2007 ein Darlehen über 60.000 Euro bei meiner Bank aufgenommen und hatte natürlich inzwischen auch schon etwas getilgt, immerhin 12.000 Euro. Sprich, ich hatte noch ca. 48.000 Euro auf der Uhr. Anhand der aktuellen Marktlage und der Quadratmeterpreise für gebrauchte Immobilien rechnete ich den Wert meiner Wohnung aus. Ich kam zu dem Ergebnis, dass ich mindestens 139.000 Euro dafür verlangen könnte.

Zuerst fragte ich meinen Mieter, der immer noch mein erster Mieter in diesem Objekt war, ob Interesse seinerseits bestehe, die Wohnung zu kaufen. Daraufhin teilte er mir per E-Mail mit, dass er kein Interesse hätte und meine Preisvorstellung auch nicht realistisch sei. Er würde höchstens 85.000 Euro dafür zahlen. Ich bedankte mich für die Antwort und teilte ihm wiederum mit, dass dies bei der aktuellen Marktlage eindeutig zu wenig sei und ich nun weiter suchen werde. Aufgrund der hohen Nachfrage für Immobilien in dieser Toplage würde sich sicherlich ganz schnell ein Käufer finden.

So war es schließlich auch. Im privaten Bekanntenkreis hatte sich die Nachricht, dass ich verkaufen möchte, wie ein Lauffeuer verbreitet. Ich überlegte, was wohl geschehen würde, wenn ich erst einmal online inserierte. Dazu kam es aber nicht, denn das Ganze nahm eine für mich durchaus positive Wendung.

Der oben beschriebene E-Mail-Verkehr mit meinem Mieter hatte sich an einem Samstagabend ereignet. Doch bereits am Sonntagmorgen erhielt ich eine weitere Mail von ihm. Er teilte mir mit, dass er einen Fehler begangen hätte und die Wohnung unter allen Umständen kaufen möchte. Ich sagte ihm, dass ich aber 139.000 Euro dafür haben möchte, und er sagte wiederum, dass dies kein Problem sei.

Wir machten einen zeitnahen Notartermin aus –

und ich sage euch, ich war total aufgeregt! Würde alles glattlaufen? Bei 139.000 Euro Verkaufspreis und 48.000 Euro Restbetrag, den ich der Bank noch schuldete, würde eine atemberaubende Differenz von 92.000 Euro zustande kommen. In Worten: zweiundneunzigtausend!

Wir trafen uns also beim Notar und ich war extrem nervös. Nachdem endlich die ganzen DIN-A4-Seiten vorgelesen waren, folgte die Unterschrift, die mein Leben für immer verändern sollte. Bäm!

Als ich wieder draußen auf der Straße stand, jubelte ich mit geballten Fäusten, wie ein Fußballer, der gerade das wichtigste Tor seiner bisherigen Karriere geschossen hat. Luftsprünge kamen ebenfalls zahlreich zustande. Trotzdem wollte ich erst so richtig ausrasten, wenn das Geld auch tatsächlich auf meinem Konto war.

Es dauerte vier lange Wochen, bis endlich Post vom Notar kam. Er schrieb mir, dass der Anweisung des Geldes nun nichts mehr im Wege stand. Jetzt wusste ich, dass ich mich in den darauffolgenden Tagen mindestens alle 30 Minuten bei meiner Bank online anmelden würde, um meinen Kontostand zu checken.

VII. 100.000 Euro! Der Tag, der mein Leben veränderte

Er war da, der Tag, der alles veränderte. Es war ein sonniger Montag mit Vorfrühlingswetter und ich loggte mich gegen Nachmittag bei meiner Bank ein – bäääääm!!! 92.000 Euro waren mir überwiesen worden. Zusammen mit meinen Ersparnissen und meinem Aktiendepot hatte ich nun, mit meinen 29 Jahren, etwas über 100.000 Euro auf dem Konto. Nicht zu vergessen: Der Wert meines Cabrios war noch zusätzlich vorhanden.

Erstaunlicherweise blieb ich ganz ruhig, als ich den Betrag sah. Ich dachte mir: Jetzt bloß nicht durchdrehen, cool bleiben! Plötzlich hatte ich eine beachtliche Summe Geld erwirtschaftet und bekam ein wenig Angst, es wieder zu verlieren. Dass ich es nicht verzocken würde, wusste ich, aber ich hatte Bedenken wegen einer erneuten Finanz- und Wirtschaftskrise, in der das Geld seine Kaufkraft verliert. Aber dazu später mehr.

Ich wollte auf jeden Fall als Erstes meinen Liebsten etwas Gutes tun, bevor ich mir selbst etwas kaufte. Also schenkte ich meiner Mutter einen Schal eines Luxuslabels. Es sei gesagt, dass wir nicht zu den Menschen gehören, die sich über Luxusklamotten definieren. Aber meine Mutter fand dieses Modell schon länger schön und ich wollte ihr diesen Wunsch erfüllen. Sie freute sich mit Tränen in den Augen, als das Paket ankam. Meinem Vater kaufte ich ein stylisches Poloshirt, das ihm wirklich ausgezeichnet stand. Meiner Schwester legte ich 500 Euro cash auf den Tisch. Sie wollte es natürlich nicht annehmen, aber ich bestand darauf. Ich sagte ihr: »Wer 92.000 Euro erwirtschaftet, kann seiner Schwester auch 500 Euro davon schenken.« Sie nahm es schließlich und steuerte es der Urlaubskasse bei. Meine beiden besten Freunde lud ich übrigens noch zum Essen ein. Damit hatte sich dann auch der Kreis der Menschen geschlossen, denen ich davon erzählt hatte.

Solltet ihr mal einen höheren Geldbetrag verdienen oder gewinnen, erzählt es bloß nicht herum! Seid so stark. Das ist sehr wichtig. Neider, Schmarotzer, Hater gibt es genug, ihr zieht damit das volle Programm an Unruhe in euer Leben. Und das will und braucht man nicht. Im Gegenteil, man muss in dieser Situation einen kühlen Kopf bewahren, um sein Geld vernünftig und sicher anzulegen.

Aber es tut gut, der Handvoll Menschen, die es wirklich verdient haben, eine Freude zu machen. Dies hatte ich nun fürs Erste getan. Jetzt war ich dran!

Ich hatte schon mein ganzes Leben von einer bestimmten Uhrenmarke geträumt, die fast jeder kennt. Das Logo dieser Marke zeigt einen Schmuck, den Könige oft auf dem Kopf tragen. Zuerst recherchierte ich online und verliebte mich in ein tolles Modell. Ich ging zu meiner Bank und ließ mir am Schalter 13.000 Euro ausbezahlen. Was für ein Feeling!

Also ab in die Großstadt zu einem bekannten Juwelier und Uhrenhändler. Dort legte ich meine Traumuhr das erste Mal zur Probe an. Listenpreis 12.000 Euro. Ich fragte die Dame, was man denn preislich so machen könnte, und sie verabschiedete sich kurz in ein Hinterzimmer. Nach einiger Zeit kam sie wieder und schob mir einen Zettel zu, worauf 9.990 Euro stand.

Ich war begeistert und kaufte die Uhr sofort. Ich legte der guten Frau 20 500-Euro-Scheine im Bündel auf den Tisch. Was für ein Gefühl! Als ich den Laden verließ, konnte ich es kaum fassen. Von den 13.000 Euro, die ich ursprünglich ausgeben wollte, hatte ich jetzt noch 3.000 Euro übrig.

Womöglich fragt ihr euch, wie man so viel Geld für eine Uhr hinblättern kann. Diese Frage ist total berechtigt. Ich habe auch mehrere Argumente als Antwort darauf parat:

1. Eine Uhr dieser Marke steigt jedes Jahr im materiellen Wert, auch die gebrauchten Modelle, und ist somit eine Geldanlage.
2. Mit einer solchen Uhr habt ihr einen hohen Wert am Handgelenk oder im Safe liegen. Solltet ihr mal unerwartet in Geldnot gelangen, könnt ihr sofort auf diese Reserve zurückgreifen.
3. Diese Uhr ist sehr langlebig und kann mit entsprechender Pflege sogar vererbt werden. Sie hat eine hohe Qualität und es macht einfach Freude, sie zu tragen. Und Freude macht glücklich!

VIII. Erneuter Kauf von Immobilien mit 8 bis 10 % Rendite

Nun hatte ich 10.000 Euro in meine Uhr und rund 1.000 Euro für meine Liebsten investiert. Es blieben also noch 81.000 Euro übrig. Als alter Immobilienfan war mir sofort klar, dass es für mich nur eine Möglichkeit gibt, mein Geld zu vermehren: Es mussten neue Wohnungen her. Richtig gelesen, Wohnungen. Mehrzahl!

Aufgrund der niedrigen Zinsen waren die Immobilienpreise in den Großstädten mittlerweile in die Höhe geschossen. In der Millionenstadt vor meiner Haustüre wollte ich deshalb nichts kaufen. Ich schaute weiter außerhalb in der zweiten und dritten Reihe. Meine Wahl fiel auf eine Stadt mit ca. 90.000 Einwohnern, die eine sehr gute Infrastruktur aufwies. Mit dem Zug erreichte man innerhalb von 20 bis 30 Minuten jeweils zwei bekannte Großstädte. Aufgrund der recht hohen Einwohnerzahl war diese Stadt alles andere als ein Dorf in der Pampa.

Ich schaute täglich die Anzeigen auf den bekannten Immobilienportalen durch und entdeckte ein Appartement in dieser von mir ausgewählten Stadt. Dem Makler teilte ich meine Preisvorstellung mit und er verhandelte mit dem Verkäufer in meinem Auftrag. Ein paar Tage später rief er mich an und teilte mir mit, dass wir zum Notar gehen könnten. Der Makler hatte den Preis um 4.000 Euro heruntergehandelt und ich kaufte die Wohnung für 20.000 Euro inklusive Tiefgaragenstellplatz. Sie generierte eine Nettomiete von 195 Euro im Monat. Das war der Hammer! Ich vermietete den

Stellplatz für 20 Euro und erhielt somit insgesamt weit über 10 % Rendite. Natürlich darf man die Nebenkosten von ca. 12 % beim Kauf einer Immobilie nicht vergessen. Diese Summe ging dann noch zusätzlich von meinem Konto ab. Aber ich hatte mein erstes passives Einkommen in Form von Mieteinnahmen, die ich am Anfang des Monats (bis auf das anfallende Hausgeld natürlich) dann auch direkt behalten konnte.

Dabei sollte es aber nicht bleiben. Zwei Monate später erfuhr ich, dass im selben Appartementhaus wieder eine Wohnung zum Verkauf stand. Ich hatte immerhin noch ca. 60.000 Euro auf dem Konto und schlug sofort zu. Erneut verhandelte ich über den Makler und auch diese Wohnung bekam ich für 20.000 Euro. Allerdings war sie etwas schwächer vermietet, es kamen nur 155 Euro Kaltmiete rein. Aber das war mir egal, denn ich hatte eine zusätzliche passive Einnahmequelle und mein Vermögen weiter vor der Inflation geschützt. Ich wusste ja, dass der Mieter sicherlich nicht für immer dort wohnen bleiben würde. Ich könnte also nach seinem Auszug den Mietpreis etwas erhöhen und dem aktuellen Marktwert fair angleichen.

Nun besaß ich also wieder Immobilien und sogar zwei Stück in derselben Wohnanlage. Ich kann euch sagen, wenn man einmal Blut geleckt hat, will man mehr. Und dies ist ja eine Form von Arbeit in der Freizeit, die absolut Spaß macht und auch richtig großen Sinn ergibt. Denn man schafft sich Sicherheit und ein zusätzliches monatliches Einkommen.

Ich hatte immer noch über 38.000 Euro auf dem Konto und entdeckte in der ersten Reihe hinter meiner Millionenstadt ein weiteres Appartement, das zu einer Wohnanlage gehörte. Aufgrund der weiterhin niedrigen Zinsen fragte ich meinen Banker, ob ich diese Wohnung bei ihnen finanzieren könnte. Er sagte mir, dass ich jetzt mit meinem zusätzlichen Einkommen und dem entsprechenden Gegenwert ganz sicher einen guten Kredit weit über 100.000 Euro bekommen würde. Voraussetzung sei natürlich ein solides Objekt.

Ich gab ihm die Daten der Wohnung, die mich interessierte. Zwei Tage später rief er mich an und teilte mir mit, dass diese Gegend ein sozialer Brennpunkt sei und sie dafür nicht so gerne Kredite vergeben würden. Ich solle aber gerne mit einem anderen Objekt wieder vorbeischauen.

Ich dachte erst mal: Mist! Aber ich wusste auch, was ich tun würde. Ich kannte zufällig jemanden, der in dieser Wohnanlage schon zwei Wohnungen besaß. Er konnte mir jeglichen Zweifel nehmen. Das Objekt befinde sich zwar in einem sozialen Brennpunkt, meinte er, aber es werde von einer guten Hausverwaltung verwaltet und die Rücklagen lägen im sechsstelligen Bereich.

Also schlug ich auch hier zu! Ich verhandelte hart und kaufte das Appartement für 17.000 Euro. Jetzt kommt aber das Allerbeste: Es gab glatte 200 Euro Kaltmiete! Rechnet mal die Prozente aus. Weit, weit, weit über 10 % Rendite, und das zählt.

Zwischendurch gönnte ich mir selbst ein paar Kleinigkeiten wie eine Jacke und einen Wochenendtrip, aber immer im überschaubaren Rahmen. Man muss sich ja schließlich auch belohnen. Das macht glücklich und gibt Kraft.

Zu diesem Zeitpunkt hatte ich noch rund 20.000 Euro auf dem Konto. Diese Summe ließ ich erst mal stehen — allerdings nicht lange.

Bald darauf fand ich eine weitere tolle Wohnung in derselben Stadt, in der ich die beiden ersten Wohnungen gekauft hatte, und zwar direkt in der Innenstadt. Sie sollte 44.000 Euro kosten. Es waren rund 55 Quadratmeter im Dachgeschoss in zentralster Lage. Die Wohnung war vermietet und es kamen 300 Euro Kaltmiete im Monat rein. Die eingebaute Nachtspeicherheizung schreckte mich nicht ab. Im Gegenteil. Es war ein gutes Argument der Maklerin und dem Verkäufer gegenüber, um wieder zu handeln. Ich sprach also erneut mit meinem Banker und er war total begeistert. Er gab grünes Licht für einen Kredit.

Ich ließ dem Verkäufer über meine Maklerin mitteilen, dass ich bereit wäre, 35.000 Euro für die Wohnung zu zahlen. Noch am selben Abend bekam ich einen Anruf: Notartermin klarmachen! Auch das klappte wieder. Bei der Bank nahm ich dafür ein Darlehen von 44.000 Euro auf. Damit konnte ich den Kaufpreis und die Nebenkosten bezahlen, außerdem wollte ich noch eine Rücklage behalten, falls die Nachtspeicherheizung mal ersetzt werden müsste. Es war eine Vollfinanzierung mit 2,1 % Zinsen und ich nahm noch 0,1 % für eine Sondertilgung mit rein. Ich bin eigentlich kein großer Freund von Sondertilgungen, aber dazu später mehr. Da 0,1 % fast nichts ist, nahm ich diese noch dazu. Beim Notar klappte auch wieder alles.

Als ich mich später mit der Mieterin unterhielt, teilte sie mir mit, dass ihre Mutter auch überlegt hatte, ihr die Wohnung zu finanzieren. Ihre Bank hätte diese auf ca. 55.000 Euro geschätzt. Auf diese Summe kam ich bei meinen persönlichen Recherchen auch, sie entsprach der aktuellen Marktlage. Also lag ich mal wieder 20.000 Euro vorne! Das sind doch super Deals, oder?

IX. Edelmetalle – Gold und Silber als Krisenschutz

Das Jahr 2018 nahm seinen Lauf, es war das wirtschaftlich stärkste Jahr meines bisherigen Lebens. Ich besaß inzwischen vier Immobilien, eine Luxusuhr, Aktien und mein bezahltes Cabrio. Aber irgendetwas fehlte noch in meinem Portfolio.

Immer wieder hatte ich davon gehört, dass Gold eine perfekte Krisenwährung sei. Ich liebe Gold, immer schon, auch meine Luxusuhr besitzt einen Goldanteil (18 Karat). Um mich schlauzumachen, las ich unzählige Berichte und schaute online viele Videos von Edelmetallexperten an.

Nach ausgiebiger Recherche ging ich zu meiner Hausbank und kaufte Gold für 5.000 Euro. Dafür bekam ich einen Tag später eine Münze und zwei kleine Barren. Pures 999,9er Feingold. Da wird man wieder zum Kind. Meinen Schatz trug ich unauffällig in einer Plastiktüte nach Hause.

Im Übrigen sei gesagt: Meine Edelmetalle lagern nicht im Bankschließfach und auch nicht bei mir zu Hause. Sie befinden sich einige Kilometer weiter an einem neutralen sicheren Ort. Dazu später mehr.

Ich freute mich eine gute Woche über mein Gold, bis ich irgendwo hörte, dass Silber auch ganz interessant sei. Auch darüber informierte ich mich ausführlich und legte noch mal für ca. 4.000 Euro nach. Ab und zu bestellte ich hier und da ein paar Unzen zusätzlich und besitze nun rund 200 Unzen Silber.

Warum sind Edelmetalle für mich so wichtig? Ganz

einfach: Jede Papierwährung wurde bisher irgendwann entwertet, Gold und Silber haben aber immer an Wertigkeit behalten. In einer Krise kann man Gold wunderbar gegen Dinge des täglichen Bedarfes tauschen, beispielsweise Kleidung, Nahrung, Benzin etc. Daher ist es ratsam, kleine Einheiten zu lagern.

Silber wird zudem stark in der industriellen Produktion genutzt, beispielsweise für Mobiltelefone, Laptops oder in der Automobilindustrie. Da der Abbau dieses Metalls endlich ist, könnte sich daraus ein Wertsteigerungspotenzial ergeben. Außerdem gab es immer wieder Epochen, in denen der Silberpreis plötzlich buchstäblich explodierte, bevor er sich zeitnah wieder rasch korrigierte.

X.   Hater!

Ja, genau! Es braucht nur ein Wort, und ihr wisst wahrscheinlich direkt, was ich meine. Ich hatte überlegt, ob ich dieses Thema nur kurz anspreche, oder ob ich ihm sogar ein eigenes Kapitel widmen soll. Mir wurde relativ schnell klar, dass es doch ein ganzes Kapitel in Anspruch nehmen würde. Vielleicht können euch meine persönlichen Erfahrungen motivieren, im Umgang mit Hatern »stark« zu sein, das heißt, eine innere Stärke zu entwickeln.

Sobald ihr euch von der breiten Masse abhebt und gegen den Strom schwimmt, fallt ihr mehr auf als die anderen Schafe, die ihr ganzes Leben lang mit der Herde laufen. Was mich betrifft, wollte ich immer alles im Leben sein, außer Mainstream. Ich ließ meine Haare wachsen, kaufte mir Cowboystiefel, trug zerrissene Hosen und coole T-Shirts, sodass man auch alle meine Tattoos gut sehen konnte. Dies gab mir ein persönliches Gefühl von Freiheit. Freiheit, das zu tun, was ich möchte, und auszusehen, wie ich möchte. Aber ein solcher Stil fällt auf. Zudem fahre ich mittlerweile ein sehr auffälliges Auto. Hinzu kam, dass mein Selbstbewusstsein parallel zu den erreichten Zielen zunahm, was für Hater nahezu eine Einladung war. Des Weiteren haben mein Freund und ich aus dem Nichts heraus Songs geschrieben, komponiert und sie auf kleinen und großen Bühnen präsentiert. Rund um die sozialen Medien gab's immer wieder Leute, die uns anfeindeten. Aber ich verrate euch mal was: Das pusht mich unheimlich.

Falls ihr auch Erfahrungen mit Hatern habt, dürft ihr

euch von ihnen nicht einschüchtern lassen. Egal wie fies und gemein sie sind, egal wie sehr sie euch treffen oder beleidigen, glaubt mir, für einen Hardcore-Hater ist es das Schlimmste, wenn sein vermeintliches Opfer nicht auf die Anfeindungen und den Psychoterror reagiert. Denkt einfach, wie interessant ihr für diese Idioten seid. Sie sind die wahren Opfer, und zwar Opfer ihrer selbst. Selbst total unzufrieden mit ihrem Leben, suchen sie sich vermeintlich schwächere Menschen aus und genießen es, diese zu schikanieren. – Aber doch nicht mit uns! Wir sind anders! Und das ist auch gut so!

Ihr werdet sehr wahrscheinlich niemals einen Hater treffen, der ein geileres Leben führt als ihr. Vergesst nicht, schon im Mittelalter standen die Menschen auf dem Marktplatz und bewarfen die vermeintlichen Hexen, meist unschuldige Frauen und Männer, mit faulen Eiern. Heute bewerfen sie unschuldige Menschen mit Hasskommentaren im Internet.

Lasst euch nicht auf diese Anfeindungen ein. Es bringt überhaupt nichts, mit Hatern zu diskutieren. Einfach ignorieren ist die beste Methode.

Achtet darauf, dass ihr nur den wichtigsten Menschen in eurem Leben von euren Zielen, Ideen und Plänen berichtet. Denn viele Menschen sind Bremsen. Sie bremsen euch aus, indem sie eure Idee schlechtreden. Meist ist es so, dass sie euch insgeheim um eure Ideen beneiden, selbst aber niemals den Mut hätten, etwas zu riskieren.

XI. »Aus dir, Otto, wird niemals etwas werden!«

In diesem Kapitel erzähle ich euch eine wahre Geschichte über einen hochintelligenten Jungen. Nennen wir ihn mal D.

D. war während meiner Realschulzeit mein Klassenkamerad. Seine Zeugnisse bestanden hauptsächlich aus Einsen und Zweien. Allerdings hätten es durchaus noch mehr Einsen sein können, wenn er nicht so viele Fehltage gesammelt hätte. D. besuchte freitags in der Regel nie den Unterricht. Manchmal war er sogar mehrere Tage oder gar Wochen am Stück nicht in der Schule. Ich muss dazu aber sagen, er hatte immer ein Attest vom Arzt oder eine Entschuldigung der Mutter vorliegen. Da er trotzdem ziemlich gut im Unterricht mitkam, wenn er denn mal da war, hat das eigentlich niemanden gestört. Auch war er der Erste in unserer Klasse, der einen auf intellektuell machte. Er saß meist in der ersten Reihe und unterhielt sich mit den Lehrern, als sei er schon einer von ihnen. Denn das wollte er unbedingt sein! Immer wieder teilte er allen unüberhörbar mit, dass er nach der Realschule aufs Gymnasium wechseln würde, sein Abitur machen und danach Deutsch und Geschichte studieren wolle. Ein typischer Streber war er allerdings nicht. Er war relativ beliebt und rhetorisch sehr fit für sein Alter.

Als ich eines Tages mal wieder eine befriedigende Drei in einer Klassenarbeit zurückbekam, ließ er einen Spruch los, an den ich mich noch heute erinnere. Er sagte zu mir: »Aus dir, Otto, wird niemals etwas werden!« Damals hatte ich nicht groß darauf geantwortet, sondern nur für mich gedacht, dass wir das ja noch sehen werden. (Heutzutage hätte er verbal Knallgas bekommen!)

Nun ja. Wisst ihr, wie die Geschichte ausgegangen ist? Der aktuelle Stand der Sachlage lässt sich ganz zügig zusammenfassen. D. hat zwar sein Abitur gemacht, aber Lehrer ist er nicht geworden. Er arbeitet jetzt in einem relativ großen Betrieb, in dem ein guter Freund von mir auch beschäftigt ist. Mein Kumpel arbeitet allerdings in einer höheren Position und reist für den Konzern sehr oft durch die Welt. Auch das Gehalt von D. ist jetzt nicht unbedingt mit dem eines Lehrers vergleichbar. Es wird wohl deutlich darunter liegen.

Als ich diese Story hörte, schoss mir sofort der Satz durch den Kopf, den er mir in der achten Klasse mit breiter Brust vor den Latz geknallt hatte. Heute trage ich sein Jahresnettogehalt am Handgelenk!

D. hat es einfach nicht gebacken bekommen, an seinem Traum festzuhalten. Ich kann mir gut vorstellen, dass einem später im Erwachsenenalter einfach die Disziplin abhandenkommt, wenn man so viele Tage in der Schule gefehlt hat.

Warum schreibe ich diese Geschichte hier auf und warum widme ich ihr ein eigenes Kapitel? Ganz einfach! Weil sie zeigt, dass nichts so bleiben muss, wie es ist oder war. Wenn man hart an sich arbeitet, kann man viel erreichen. Auch soll dieses Kapitel keine Angeberei oder Schadenfreude meinerseits ausdrücken. Es soll euch einfach zeigen, dass ihr euch niemals unterkriegen lassen dürft.

Alle paar Jahre sehe ich D. mal auf irgendeinem Volksfest oder ähnlichen Veranstaltungen. Ich werde ihm das nächste Mal ein Bier ausgeben, zum Dank für seinen motivierenden Spruch.

Das wollte ich unbedingt noch loswerden. Jetzt wünsche ich euch viel Spaß mit dem XII. Kapitel und meiner persönlichen Anlagestrategie.

XII.   Zusammenfassung der für mich perfekten Anlagestrategie

Ich investiere weiterhin in Immobilien

Ich würde niemals ein Einfamilienhaus in der Pampa kaufen und mich bis an mein Lebensende verschulden. Solltet ihr aber vom Lande kommen und dort unbedingt eine Immobilie erwerben wollen, dann kauft ein Mehrfamilienhaus. Mindestens zwei Parteien, am besten drei. Durch die vermieteten Objekte kommt direkt schon mal Geld herein. Vergewissert euch aber vorab, dass Wohnungen in dieser ländlichen Region auch gut vermietbar sind.

Beim Kauf einer Immobilie beachte ich folgende Punkte:

- Ich berücksichtige das aktuelle Zinsniveau. Da die Zinsen momentan sehr niedrig sind, versuche ich, so viel wie möglich über die Bank zu finanzieren.
- Ich investiere ausschließlich in Immobilien in B- und C-Städten mit guter Infrastruktur und Nähe zu Groß- und Millionenstädten.
- Ich versuche, mindestens 7 % Rendite zu erwirtschaften, ansonsten ist das Objekt für mich uninteressant.
- Ich lese mir, bevor ich eine Wohnung kaufe, die Protokolle der Eigentümerversammlungen der letzten drei Jahre durch. Dies ist ganz wichtig, um auszuschließen, dass unerwartete Kosten auf einen zukommen.
- Ich überprüfe immer die Höhe der Rücklagen für das jeweilige Gesamtobjekt. Stellt euch vor, ihr kauft eine

Wohnung und die Eigentümergemeinschaft weist einen leeren Topf vor. Falls nun etwas repariert werden muss und keine Versicherung zuständig ist, ist die Wahrscheinlichkeit groß, dass ihr tief in die eigene Tasche greifen müsst.

- Ich achte darauf, dass das Hausgeld in Relation zur Miete steht.
- Ich achte auf eventuell beschlossene Sonderumlagen.
- Wenn, wie in meinem Fall, eine Sondertilgung nur 0,1 % kostet, dann würde ich diese mit hineinnehmen. Aber grundsätzlich bin ich kein Fan davon. In der heutigen Zeit finde ich es für mich persönlich ratsamer, parallel erspartes Geld auf die Seite zu legen bzw. einen Teil in weitere Immobilien oder Edelmetalle zu investieren. Jeder Mensch entscheidet sich natürlich für die Variante, die ihm am besten gefällt. Sollte ich es beispielsweise schaffen, 10.000 Euro im Jahr zusätzlich zu sparen, dann würde ich mir überlegen, ob ich das ersparte Geld in den Kredit einfließen lasse oder ob ich noch zwei Jahre weiter spare, um von den ersparten 30.000 Euro ein Appartement in einer B- oder C-Stadt zu kaufen. Somit hätte ich eine weitere passive Einnahmequelle. Ich würde mich immer für Letzteres entscheiden.

Ihr seht, mit ein paar Stichpunkten kann man schon viel Sicherheit erreichen und die Gefahr, ins große Fettnäpfchen zu treten, minimieren.

Ich kaufe Aktien nur noch bedingt

2018 verkaufte ich meine Aktien des Telekommunika-
tionsunternehmens, welche ich 2007 gekauft hatte.
Sie standen zwar etwas schlechter da als 2007, aber
allein durch die jährliche Dividende hatte ich keinen
Verlust gemacht. Nach dem Verkauf erwarb ich Aktien
eines großen Entertainment-Unternehmens, das sich
zurzeit als das wertvollste der Welt bezeichnet, und
Aktien einer Biotech-Firma. Ich hatte mich im Vorfeld
gut informiert. Nach circa einem halben Jahr verkaufte
ich alles wieder und machte ca. 600 Euro Gewinn.

Um einen besseren Überblick zu behalten, ließ ich mir
bei meiner Hausbank, neben meinem Girokonto und
dem Aktiendepot, ein Tagesgeldkonto und ein soge-
nanntes Unterkonto einrichten. Auf das Tagesgeldkonto
überweise ich nur Beträge, die ich spare, und mein Einkommen aus meinem Hauptjob. Auf das Unterkonto gehen alle Kaltmieten-Einnahmen, Dividenden und auch
der prozentuale Anteil der Gewinne aus Aktienverkäu-
fen, der noch versteuert wird. Da ich stets weiß, dass
von meinem Unterkonto noch einiges abgeht, kann ich
auf diese Weise besser sparen und kalkulieren.

Von dem Nettoaktiengewinn kaufte ich mir 20 Unzen Silber, die ich jetzt quasi obendrauf bekam, weil
ich clever investiert hatte.

Nach dem Verkauf der Aktien hatte ich wieder Geld
zur Verfügung, das ich erneut an der Börse anlegen
wollte. Jetzt wollte ich in die Zukunft investieren, und
das bedeutete in meinem Fall:

- Ich kaufte Aktien eines Unternehmens aus der Lithi-
  um-Branche. Lithium braucht man für die Batterien

verschiedenster Elektroautos. Sollte dies die Zukunft der Mobilität sein, habe ich also gut investiert.

- Ich kaufte Aktien eines Unternehmens aus der Wasserstoff-Branche. Auch Wasserstoff könnte der Antrieb der Zukunft werden.
- Ich kaufte Aktien einer Firma, die sich mit dem Thema »Medizinisches Cannabis in Deutschland« beschäftigt, und habe dort auch kurzzeitig mein investiertes Geld fast verdoppelt.
- Ich möchte außerdem in eine gute Biotech-Firma investieren und bin zurzeit noch am Recherchieren. Interessant finde ich Firmen, die sich der Bekämpfung von neurologischen Krankheiten im Alter verschrieben haben.

Bestimmt fallen mir in Zukunft noch weitere spannende Themen und Fachgebiete auf, wie zum Beispiel Unternehmen, die sich mit veganer Ernährung beschäftigen usw., bei denen es sich lohnt, mal genauer hinzusehen. Alle oben beschriebenen Aktienkäufe habe ich getätigt, um sie jahrelang zu behalten. Im Falle eines Crashs lohnt es sich dann, günstig nachzukaufen. Wenn man schon investiert hat, fällt es einem von der inneren Einstellung her leichter. Außerdem weiß man, was man kauft, und verliert so weniger Zeit.

Edelmetalle

- Alle paar Wochen leere ich meine Spardose und bringe das gesparte Kleingeld zur Bank. Davon kaufe ich mir ein paar Unzen Silber.
- Auch von meinen Nettomieteinnahmen kaufe ich

manchmal Edelmetalle. Ich bin weiterhin ein großer Fan davon, weil man eine Silbermünze zum Beispiel nicht mal eben so schnell ausgibt wie Geld. Und irgendwie lässt es mich persönlich ruhiger schlafen.

- Ich lagere meine Edelmetalle nicht zu Hause und erst recht nicht im Bankschließfach. Denkt an die Euro-Krise vor ein paar Jahren: In Südeuropa stand ein Land kurz vor der Staatspleite und die dortigen Banken öffneten plötzlich nicht mehr. So etwas kam auf der ganzen Welt in den letzten Jahrzenten immer mal wieder vor. Habt ihr aber eure Schätze sicher an einem neutralen Ort gelagert, so könnt ihr jederzeit in einer Krise, oder falls ihr mal dringend Geld braucht, reagieren.
- Mit dem Thema »Platin und Palladium« beschäftige ich mich aktuell, habe aber noch nicht in diese Richtung investiert. Mich reizen eher, wie gesagt, Gold und Silber.

Fonds und ETFs

Von Investmentfonds und ETFs (börsengehandelte Fonds) bin ich grundsätzlich kein großer Fan. Ich verwalte mein Geld lieber selbst und allein für mich.

Cashflow!

Vergesst niemals, zusätzlich Geld anzusparen! Auch wenn ich oben von Inflation und Krisen sprach, ist es trotzdem für mich unumgänglich, einen gewissen Teil meines Vermögens in Bargeld zur Verfügung zu haben.

Es können immer mal spontane Kosten entstehen, gerade wenn man, so wie ich inzwischen, vier Immobilien besitzt. Es ist einfach ein angenehmeres Gefühl, wenn man noch etwas auf der hohen Kante hat. Viele Menschen lassen ihre gesamten Ersparnisse auf der Bank liegen. Ich für meinen Teil sammle Wohnungen, Edelmetalle, Aktien, wertsteigernde Luxusuhren und besitze auch einen gewissen Anteil an Bargeld. Die gute Mischung macht's. Worin diese besteht, muss jeder individuell für sich herausfinden.

Spenden

Ich habe gelernt zu spenden. Ja, früher habe ich mir kaum Gedanken darüber gemacht, aber heute spende ich jeden Monat ein paar Prozent meines passiven Einkommens an verschiedene Tierheime in ganz Deutschland. Die oftmals ehrenamtlichen Helferinnen und Helfer haben jeden Cent nötig. Und wenn ich damit das Leben der Tiere dort aus der Ferne etwas unterstützen kann, dann freut mich das sehr. Es tut mir persönlich gut, etwas abzugeben.

Lotterie

Ich betreibe keine Sportwetten, gehe auch nicht in Spielhallen oder Casinos. Auch online sollte man mit Glücksspielen höllisch aufpassen, denn es gibt Menschen, die dafür sehr anfällig sind.

Ich persönlich spiele jeden Mittwoch und Samstag dieselben sechs Zahlen in der Lotterie. Dieselben! Jahrelang schon. Es muss dabei nicht viel Geld eingesetzt werden. Unter zehn Euro pro Woche finde ich für mich völlig o.k. Ich sage mir: Nur wer spielt, kann etwas gewinnen. Auch wenn die Wahrscheinlichkeit, den Jackpot zu knacken, sehr, sehr gering ist, nutze ich die Chance, das Glück irgendwann mal zuschlagen zu lassen.

Wie würde ich aktuell 10.000 Euro anlegen?

Bei den meisten Banken bekommt man heutzutage kaum noch etwas für seine Ersparnisse. Viele Menschen fragen sich deshalb, was sie mit ihrem hart erarbeiteten Geld nun anfangen sollen. Das Ersparte auf dem Konto liegen zu lassen, bringt einen meiner Ansicht nach nicht wirklich weiter. Die Brotpreise steigen jährlich, wenn auch nur um ein paar Cent, genau wie die Preise der meisten anderen Produkte, die wir täglich zum Leben brauchen. Somit verliert unser erspartes Geld Stück für Stück an Kaufkraft.

Wenn ich mich mit Leuten unterhalte, werde ich manchmal gefragt, wie ich 10.000 Euro anlegen würde. Darauf antworte ich meist wie folgt:

Es gibt zahlreiche Möglichkeiten, sein Geld gewinnbringend anzulegen. Grundsätzlich gilt, dass jeder selbst herausfinden und ausprobieren muss, was am besten zu ihm passt. Aber da ich jetzt gefragt wurde, was *ich* mit 10.000 Euro machen würde:

• Ich würde 1.000 Euro auf Aktien von ein paar ausgewählten Unternehmen verstreuen. Diese sollten sich mit zukünftiger Technologie, Energie etc. beschäftigen.

- Ich würde nach heutigem Preisgefüge 3.000 Euro in Edelmetalle investieren, beispielsweise eine Feinunze Gold und für den Rest Silber kaufen.
- Ich würde mir einen Sachwert, der seinen Wert erhält oder sogar steigert, kaufen, am besten etwas, woran ich mich jeden Tag erfreuen kann. Für 3.000 Euro würde ich mir eine Luxusuhr gönnen, exzellente Handarbeit, die mich jeden Tag daran erinnert, dass ich im Leben schon eine Kleinigkeit erreicht habe. Diese Uhr kann mich bei Rückschlägen motivieren, weiter Gas zu geben. Zudem habe ich mein Geld gut angelegt und könnte die Uhr im Notfall schnell zu Bargeld machen.
- Die restlichen 3.000 Euro würde ich ganz klassisch sparen. Es ist von Vorteil, über ein gewisses Guthaben auf dem Konto zu verfügen. Es können immer mal Reparaturen am Auto, an der Wohnung etc. anfallen.
- Eine andere Variante wäre: Ich würde mir überlegen, wie lange es gedauert hat, bis ich die 10.000 Euro gespart habe. Sollte es in naher Zukunft möglich sein, zügig weiterzusparen, würde ich ggf. die 20.000 Euro oder auch 30.000 Euro vollmachen, um mir dann ein Appartement in meiner bevorzugten B- oder C-Stadt zu kaufen.

Ihr seht, es gibt viele Möglichkeiten, sein Geld anzulegen. Auch ist mir völlig klar, dass ich mit dieser Auflistung nicht den Nerv jedes Anlegers treffe. Aber ich wurde ja gefragt, was *ich* persönlich mit 10.000 Euro machen würde.

Nachwort

Ich hoffe, mein erstes Buch hat euch gefallen und motiviert, im Leben Gas zu geben. Im Grunde kann ich sagen, dass mein Wille, etwas zu verändern, sowie meine persönliche Unzufriedenheit mit mir selbst alles ins Rollen brachten. Dem Laufsport habe ich wohl zum größten Teil mein »neues« Leben zu verdanken. Man lernt dadurch zum einen Selbstdisziplin, zum anderen spürt man das Gefühl, alles erreichen zu können, wenn man es sich nur vornimmt und zumindest ausprobiert. Hätte mir an meinem 18. Geburtstag jemand vorausgesagt, dass ich keine zwei Jahre später Läufe über 20 Kilometer und mehr absolviere, hätte ich nur gelacht und gedacht: Das wird niemals passieren. Aber ich merkte schnell, dass man viel mehr im Leben erreichen kann, als man denkt.

Es sei noch gesagt: Dieses Buch enthält nicht den ultimativen Weg zum Reich- und Glücklichwerden, es spiegelt nur einen Teil meines bisherigen Lebens sowie meine eigenen Erfahrungen wider. Ich kann nicht garantieren, dass sich alle meine Anlagen und Investitionen im Falle einer Krise als richtig erweisen werden. Aber für mich persönlich weiß ich, dass ich ruhig schlafen kann, weil ich alles getan habe, was in meiner Macht stand, um mein Vermögen zu schützen und zu vermehren.

Heute weiß ich, dass ich niemals Panik bekommen würde, sollte ich mal 1.000.000 Euro verdienen oder 10.000.000 Euro in der Lotterie gewinnen. Ich würde mit 10.000.000 Euro genauso umgehen wie mit meinen 92.000 Euro und diese genauso aufteilen bzw. investieren. Vielleicht würde ich bei sehr hohen Beträgen 10 % in stabile Weltwährungen zusätzlich tauschen. Auch wenn ich nicht der größte Währungsfan bin, würde ich trotzdem dadurch ein wenig mehr streuen.

Auch Niederlagen gehören im Leben dazu, es wird rauf- und runtergehen, sicher noch ein paar Mal. Aber das ist ja auch das Spannende. Wer mit 80 Jahren arm ist, aber nie etwas ausprobiert und riskiert hat, der darf sich nicht aufregen. Wer aber 100 Sachen probiert hat, wird sehr wahrscheinlich das eine oder andere Erfolgserlebnis plus einen finanziellen Vorteil eingefahren haben.

Wenn ihr selbst hoch hinauswollt, umgebt euch mit Menschen, die schon länger erfolgreich sind. Ein Selfmade-Millionär kann euch viele Tipps geben, gerade wenn ihr noch relativ jung seid. Auch ist es unheimlich wichtig, rauszugehen und aktiv zu werden. Begebt euch unter Menschen. Da entstehen die besten Kontakte. In der Regel klingelt niemand an eurer Haustür und bietet euch einen Megadeal an. Dasselbe gilt für Singles, die einen Partner kennenlernen möchten: Online-Dating ist schön und gut, aber draußen in freier Wildbahn spielt sich das tatsächliche Leben ab. Wären wir in unserer musikalischen Anfangszeit nicht so oft unterwegs gewesen, hätten wir nie die richtigen Menschen kennengelernt, die uns halfen, auf der Karriereleiter nach oben zu steigen. Dasselbe gilt im Prinzip für fast alle Bereiche des Lebens.

Auch sei gesagt, dass man nie stillstehen sollte. Ich selbst möchte dieses Jahr noch mindestens 100.000 Euro in Immobilien investieren. Dies sollte in etwa die Summe sein, die ich noch finanziert bekomme. Ich werde wieder nach Wohnungen Ausschau halten, die denen ähnlich sind, die ich schon besitze. Vielleicht schaffe ich es ja, in zehn Jahren, wenn ich 40 bin, monatlich 1.500 Euro Nettomieteinnahmen zu generieren. Zumindest ist das mein großes Ziel. Ich werde noch drei bis vier Wohnungen kaufen und die Zeit für mich spielen lassen. Natürlich muss ich dann nebenbei fleißig meine bisherigen Mieteinnahmen sparen, um später so viel wie möglich — im besten Fall alles auf einmal — abzulösen. Auch könnte ich, je nach Wirtschaftslage, ein Objekt verkaufen und die daraus erwirtschaftete Summe nutzen, um die restlichen Immobilien abzubezahlen.

Ein Resümee

Es fühlt sich verdammt geil an, in so jungen Jahren bereits über 500 Euro im Monat an Mieteinnahmen zu bekommen!

Also geht raus, treibt Sport und probiert eure Träume aus. Aber vergesst nicht zu leben. Man muss der Seele etwas Gutes tun. Dazu gehört auch mal eine Party mit Freunden!

Viel Erfolg!

Euer ONKEL MICHA

Etwas liegt mir noch auf dem Herzen

Vielleicht fragt sich der eine oder andere von euch, warum ich mich nicht öffentlich als Autor zu erkennen gebe. Zum einen liegt es daran, dass ich durch unsere

Musik einen kleinen, aber stetig wachsenden Bekanntheitsgrad erreicht habe. Zum anderen lege ich hier detailgetreu viele Zahlen, Ziele und Erfolge in finanzieller Hinsicht offen. Mir ist es egal, was Hater denken (und das sollte euch nicht anders gehen), aber ich habe keine große Lust, mich vor diesen Leuten komplett finanziell zu outen.

Jetzt kommt es natürlich darauf an, wie viele Bücher ich verkaufe, ob ich es anderweitig schaffe, noch schneller finanziell frei zu sein. Aber im Moment finde ich dies genau die richtige Handhabung für mich.

Vielen Dank für euer Verständnis.